LES DROITS DE L'HOMME

ET

LES PUBLICISTES MODERNES,

PAR

M. BERTAULD,

MEMBRE TITULAIRE DE L'ACADÉMIE DES SCIENCES, ARTS
ET BELLES-LETTRES DE CAEN.

*Extrait des Mémoires de l'Académie des Sciences, Arts
et Belles-Lettres de Caen.*

CAEN,

CHEZ A. HARDEL, IMPRIMEUR-LIBRAIRE,

RUE FROIDE, 2,

1862.

LES DROITS DE L'HOMME

ET

LES PUBLICISTES MODERNES.

Qui le croirait? Un grand écrivain, un écrivain auquel, par droit de génie, appartient un des premiers rangs dans le sacerdoce de la pensée, a nié les droits de l'homme, c'est-à-dire la liberté. Il ne s'est pas borné à contester une certaine définition de la liberté. Qu'il proteste avec éloquence contre ceux qui disent que la liberté, c'est le droit de se gouverner soi-même sans considération de la liberté d'autrui, dans une association dont on revendique pour soi tous les bénéfices sans en accepter les charges; qu'il déclare qu'une pareille liberté serait la souveraine injustice : rien de mieux, et on ne saurait qu'applaudir à la puissance du talent qui s'attaque au sophisme.

Mais, malheureusement, M. de Lamartine ajoute : « Qu'est-ce, au contraire, que la liberté? Selon nous, métaphysiquement parlant, cette liberté, bien définie, c'est la révolte naturelle de l'égoïsme individuel contre la volonté générale de la société et de la nation. Or, si cette révolte de la nature irréfléchie, dont ces philosophes font un prétendu droit dans ce qu'ils appellent *les droits* de l'homme, existait, la société cesserait à l'instant d'exister ; car la société ne se maintient que par la toute-puissance et la *toute-légitimité* de la volonté générale sur la volonté égoïste de l'individu. Cette révolte instinctive de l'égoïsme individuel, qu'on appelle la liberté sans limites, est donc un crime et une anarchie. Ce droit est le droit de périr soi-même en faisant périr l'État. »

M. de Lamartine subit l'empire de la théorie qu'il combat, quand il parle de la *toute-légitimité* de la volonté générale, et sous prétexte de réfuter Rousseau, il le suit. Mais il y a une équivoque, quand il oppose à la volonté générale la volonté individuelle sans limites. La liberté individuelle ne cesse pas d'exister, parce qu'elle a des bornes.

Au reste, M. de Lamartine va devenir beaucoup plus clair :

« Le vrai nom de la société, c'est commandement et obéissance :

« Commandement dans l'État, qu'il soit monarchie ou république ;

« Obéissance dans l'individu, qu'il soit sujet ou citoyen.

« Or, entre ces deux noms sacramentels de toute société politique, *commandement* et *obéissance*, trouvez-moi place pour le nom de *liberté*. Il n'y en a pas, ou bien il n'y en a pas d'autre que le mot par lequel je vous l'ai définie tout à l'heure : révolte de l'égoïsme individuel contre la volonté de l'ensemble. »

Voilà l'omnipotence de l'État, et le devoir absolu d'obéissance des individus, proclamés en termes éclatants. Et M. de Lamartine, cependant, est un des adversaires les plus convaincus, les plus chaleureux du socialisme. Sous le nom de *liberté*, il poursuit avec acharnement, il terrasse l'idée de la souveraineté individuelle: « La seule chose que l'on puisse encore appeler improprement de ce nom (la liberté), par habitude plus que par logique, c'est la petite part d'égoïsme individuel que le commandement social de l'État, monarchie ou république, puisse négliger sans inconvénient dans l'obéissance obligatoire de chacun à la volonté de tous..... Cette part de liberté n'est pas possédée; elle est concédée et révocable par la société, républicaine ou monarchique, qui *la laisse* à l'individu politique. C'est une frontière indécise entre l'ordre social et l'anarchie individuelle que le commandement *laisse* à l'obéissance ; terrain vague où le commandement n'a pas besoin de s'exercer et où l'obéissance peut désobéir sans porter atteinte à l'État, c'est-à-dire à l'intérêt de tous.

« Mais encore ce qu'on appelle liberté n'est que *tolérance* de la société générale, et le commandement social peut l'enchaîner ou la restreindre, selon les nécessités, les lieux, les temps, les circonstances, si les nécessités, les lieux, les temps, les circonstances exigent que tout soit commandement et obéissance, et obéissance partout et en tout dans la société absolue... Où donc est ce qu'on appelle *liberté*, et pourquoi tant parler d'une chose qui n'existe que dans les mots? » (*Cours familier de littérature*, 67e. Entretien.)

Ainsi, la liberté n'est pas un droit astreint au respect d'autres droits. C'est une chose d'octroi, de tolérance, une exception très-circonscrite et toujours soumise au bon vouloir et à la mansuétude du pouvoir social. Dans ce système, M. de Lamartine a bien raison de dire que la liberté n'existe que dans les mots. Cette obéissance que l'État peut imposer *partout et en tout* est bien par le fait une véritable servitude.

Mais il y a, suivant M. de Lamartine, une autre chose qu'on nomme très-mal à propos la liberté : c'est la participation plus ou moins grande que chaque individu apporte à la formation du gouvernement et des lois ; c'est le concours plus ou moins complet, plus ou moins direct d'un grand nombre ou de l'universalité des volontés individuelles dans la volonté générale à laquelle on donne le droit du commandement, c'est-à-dire un titre pour imposer l'obéissance. « Le plus ou le moins de cette participation formelle du peuple à son gouvernement est ce qu'on nomme très-improprement liberté. C'est bien plus que liberté, c'est commandement, commandement sur soi-même et sur les autres. »

M. de Lamartine admet ainsi, en réclamant pour elle un changement de nom, la liberté politique. Il reconnaît que l'exercice du commandement social, attribué par les constitutions au peuple, est, quand le peuple en est capable par ses vertus et par ses lumières, une excellente condition de progrès moral, de dignité et de grandeur humaine.

« Obéir à soi-même, dit-il, c'est la vertu ; obéir aux autres, c'est la servitude. » Ne sommes-nous pas déjà bien éloignés de cette idée, que le vrai nom de la société, c'est commandement et obéissance?

N'obéir qu'à soi-même, ce ne serait pas la vertu, ce serait l'anarchie. N'obéir qu'aux autres, ce serait, dans la réalité, la servitude. Concourir au commandement auquel on obéit, c'est sans doute une garantie que le commandement sera plus juste et que l'obéissance impliquera moins de contrainte et plus de dévouement. Toutefois ce concours n'exclut pas, pour les minorités au moins, la violence, l'iniquité, et pour tous la passion. Il ne garantit pas que l'individu ne voudra que ce qu'il doit vouloir, et qu'il n'obéira qu'à ce qu'il veut dans l'intérêt de tous. M. de Lamartine paraît singulièrement s'exagérer les conséquences de la participation volontaire du peuple à l'exercice du commandement. Mais s'il a cédé un moment à cette illusion, il ne l'a pas subie longtemps. Dans la même étude, un peu plus loin, il dit avec une merveilleuse justesse: « Ce ne sont ni les dynasties, ni les théocraties, ni les autocraties, ni les *démocraties*, qui peuvent sanctifier en elles le titre au commandement humain, divin, aristocratique ou populaire, à la souveraineté, à l'organisation, à la conservation, au perfectionnement de la société politique. »

La légitimité du pouvoir n'est donc pas dans le nombre des volontés qui l'exercent. Pour nous, elle est dans la satisfaction assurée à certains droits. Mais, si la souveraineté n'a pas de droits à satisfaire, la légitimité est ailleurs, et il faut la chercher.

M. de Lamartine a dit encore, toujours dans la

même étude: « Il n'y a point de souveraineté dan.
la force. Le commandement est tyrannique et l'obéissance est lâcheté. C'est la société politique de la hache
ou du billot. Le commandement est le crime, et l'obéissance est la mort. »

Mais à quelles conditions donc le commandement
n'est-il pas le crime et l'obéissance la mort ? A quelles
conditions l'ordre apparent n'est-il pas le désordre su-
prême, si le pouvoir social n'est pas en face de droits
qu'il doit respecter, de besoins auxquels il est tenu
de pourvoir?

Enfin, M. de Lamartine, dans la partie même de son
appréciation sur Rousseau, où il conteste l'existence
de la liberté, dans le sens que donnent à ce mot les
publicistes modernes, reconnaît que les gouvernements
démocratiques commandent l'obéissance avec la même
obligation d'obéir, et ne réalisent pas plus de liberté
que les autres gouvernements.

« Ce commandement sous le despotisme est attribué à un seul, sous les aristocraties à une caste, sous
les théocraties à un sacerdoce souverain, sous les ré-
publiques à une élite élective de citoyens et de ma-
gistrats, sous les démocraties absolues à la multitude,
sous les démagogies, comme à Athènes, à des tribuns
privilégiés, et renversés par les faveurs mobiles de la
plèbe sur la place publique. Les plus populaires de
ces gouvernements ne réalisent pas plus de liberté
que les autres. Ils commandent et ils obéissent à des
titres différents, mais ils commandent l'obéissance avec
la même obligation d'obéir ; dans aucun, il n'y a
place pour ce qu'on appelle liberté dans la langue

de J.-J. Rousseau et des publicistes modernes, c'est-
à-dire pour l'égoïsme individuel contre le dévouement et contre l'intérêt général. S'il y avait liberté
dans cette acception du mot, il n'y aurait plus gouvernement ni société ; il y aurait anarchie, révolte de
chacun et de tous contre tous. Ce mot de liberté
ainsi compris est donc un sophisme. La liberté de
chacun serait l'esclavage de tous. » (67ᵉ. Entretien,
p. 11.)

M. de Lamartine ne me semble pas même pécher
par des préférences et par des excès de tendresse
complaisante pour les démocraties. Je lui emprunte
une dernière citation :

« L'autorité conquise sur la monarchie et sur l'aris-
tocratie par le nombre seul, par la démocratie absolue, c'est la souveraineté de la multitude, sans pon-
dération, sans fixité, sans corps modérateur ; elle
dégénère bientôt en oppression mutuelle et en anarchie : gouvernement condamné par l'instinct de la
hiérarchie légale, qui est la loi de tout ce qui dure,
la loi de tout ce qui commande et de tout ce qui
obéit sur la terre. » (Page 21.)

La théorie de M. de Lamartine, c'est la théorie de
M. Dupont-White, avec des exagérations de plus, et
aussi avec des distractions, des contrariétés (le respect m'interdit le mot d'inconséquences), qui sautent
aux yeux malgré toutes les magnificences de langage
dont elles sont enveloppées. M. Dupont-White avait
dit : « N'être pas gouverné, c'est ce qu'on appelle
tantôt liberté civile, tantôt individualisme..... Tenir
l'homme pour souverain, lui déclarer qu'il ne relève

que de lui-même, c'est le plus étrange oubli de toute histoire naturelle ou psychologique. Quand les anciens le traitaient d'animal politique, ils lui disaient son fait de la manière la plus pertinente. Politique, c'est-à-dire fait pour la société, pour la discipline : tel est l'homme de par toute sa nature.....

« Comme la volonté imposée par les gouvernants à titre de loi pourrait n'être que le caprice d'autres hommes, il faut que chacun, dans la mesure de ce qu'il vaut, concoure à faire la loi ou tout au moins à instituer le législateur. Voilà, dans sa racine et dans son essence, la liberté faite pour l'homme. » *(La Centralisation*, p. 134.)

On avait déjà objecté à M. Dupont-White qu'il était étrange de refuser à l'individu une part de souveraineté sur lui-même, quand on le gratifiait d'une part de souveraineté sur autrui.

Mais, au moins, M. Dupont-White attache-t-il plus d'importance à la distribution des pouvoirs politiques que M. de Lamartine ne semble leur en accorder.

Comment l'un des organes les plus éloquents du spiritualisme, l'un de ceux qui portent le plus haut et avec le plus d'éclat son drapeau, a-t-il pu être conduit à cette négation hardie des droits naturels de l'homme? Ce n'est pas de sa part une désertion accidentelle et momentanée de la cause spiritualiste ; c'est, au contraire, un combat à outrance en sa faveur. La destinée de l'homme en dehors de ce monde, sa vie à venir, l'immortalité et les célestes aspirations de l'âme, voilà ce qui a ému profondément M. de Lamartine et comme troublé son intelligence si élevée. Il s'est laissé entraîner à l'idée que la souveraineté terrestre avait une sorte de ministère divin ; qu'elle était appelée, en protégeant ici-bas l'individu comme être social , à le préparer aux félicités de l'existence future ; en d'autres termes, qu'elle avait charge d'âmes. Et alors il ne lui a demandé qu'une chose : c'est non-seulement de faciliter, mais d'imposer l'accomplissement du devoir. Pour lui, la notion du droit humain s'est complètement évanouie. Il n'a pas cru, il n'a pas pu croire à la liberté du mal. Il n'a eu de foi que pour la liberté du bien ; et la liberté du bien isolée de la liberté du mal, c'est la loi du devoir, ce n'est plus la liberté.

« Le véritable *contrat social* n'a pas pour but seulement le corps de l'homme, il a pour but aussi et surtout l'âme humaine. Il est spiritualiste plus que matériel ; car le corps ne vit qu'un jour de pain, et l'esprit vit éternellement de vérité, de devoir et de vertu. Voilà pourquoi la doctrine qui ne fait que proclamer les droits de l'homme est courte et fausse, et ne peut aboutir qu'à la révolte perpétuelle, doctrine insensée, *contrat social ;* voilà pourquoi toute société qui se fonde sur le devoir est vraie, durable, toujours perfectible, et aboutit directement à Dieu, c'est-à-dire à la perfection et à l'éternité. » (Page 32.)

« Une loi morale et religieuse, donnant à la société civile un but intellectuel, moral et divin, de civilisation des âmes, c'est-à-dire de vertu et de divinisation de notre être par des devoirs réciproques découverts et accomplis ; voilà la fin de la société politique ; voilà le plan de Dieu ; voilà l'œuvre de la législation ; voilà la dignité de l'homme ; voilà le spectacle que la Divinité créatrice se donne à elle-même, depuis qu'elle a daigné créer l'homme jusqu'à la consommation des temps. » (Pages 29 et 30.)

Si M. de Lamartine avait dit seulement que la satisfaction brutale des besoins du corps n'est pas l'unique fin des sociétés politiques, personne ne se lèverait pour soutenir que la souveraineté sociale ne se réduit pas au devoir de maintenir une sorte d'égalité alimentaire ou de bien-être ; on se garderait de dénier au pouvoir, quel qu'il soit, la mission de garantir, en même temps que la sûreté des personnes et des biens physiques, la sécurité du développement des facultés intellectuelles et morales ; mais on lui assignerait spécialement la charge de garantir l'exercice du libre arbitre des individus, c'est-à-dire la libre option , à leurs périls et risques, entre le bien et le mal , entre les conseils de la raison et les conseils de la passion , partout où cet exercice ne constituerait pas un danger pour la société.

Ce qu'on contesterait à la souveraineté sociale, c'est le droit d'enchaîner, en vue d'intérêts qui ne seraient pas de ce monde, la volonté et la liberté humaines ; c'est le droit de déshériter les individus de toute moralité et de tout mérite , en les privant du moyen d'engager devant Dieu leur responsabilité.

Si les individus n'ont pas de droits ; s'ils n'ont que des devoirs, le meilleur des gouvernements, le type idéal, c'est le gouvernement théocratique,.investi de la toute-puissance, armé d'une autorité absolue.

Pour ceux qui croient, avec Royer-Collard, que la loi humaine ne participe point aux croyances religieuses, qu'au-delà des intérêts de cette vie, elle est frappée d'ignorance ou d'impuissance, les individus, vis-à-vis les uns des autres et vis-à-vis de l'État, ont principalement des droits. Leurs devoirs ne sont pas une cause, ils sont un effet : ils dérivent de leurs droits ; ils en sont le corollaire, parce qu'ils en sont la limitation. Pour la vie à venir, les droits ne naîtront que de l'accomplissement des devoirs ; ils en seront la conséquence, une rémunération, si l'on veut, un couronnement. Mais, dans le milieu terrestre, pendant l'existence sociale, l'individu a des titres incontestables au gouvernement de ce qui ne concerne que lui-même, parce qu'il est un agent moral et responsable.

M. de Lamartine a de grandes duretés, des injustices de langage, pour ceux qui ne confondent pas avec lui la loi divine et la loi sociale :

« Les publicistes qui donnent des définitions orgueilleuses et abjectes des droits de l'homme n'ont oublié que ceux-là : le droit d'accomplir des devoirs, le droit d'être vertueux, le droit d'être immortel. Relevons nos fronts trop humiliés.... Nous valons mieux que cela!.... » (Pages 38 et 39.)

C'est M. de Lamartine qui oublie que la souveraineté sociale, en faisant respecter le droit d'accomplir des devoirs, le droit d'être vertueux, le droit d'être immortel, n'a pas qualité pour attenter à un droit parallèle, le droit de ne pas accomplir les obligations de la loi divine, dont la sanction n'appartient pas à notre infirmité.

La théorie, que le droit social n'est qu'une conséquence du devoir, ou, suivant une formule plus vraie, n'est que le devoir, ne se rencontre pas seulement sous la plume du publiciste orateur, du moraliste inspiré ; elle est aussi, sous une forme moins splendide et moins franche, la thèse de savants juristes, d'économistes distingués, de philosophes de renom. M. Oudot est en train de la développer. L'auteur récent d'une philosophie du droit l'a adoptée. M. Baudrillart, dans un livre que l'Institut vient de couronner, l'a défendue. M. Jules Simon lui-même s'en est fait le champion ; et si M. Lerminier est moins explicite, il débute toutefois, dans la définition du droit, par l'indication du devoir : « L'homme conçoit « qu'il a le devoir de respecter ceux qu'il appelle « ses semblables ; qu'il a le droit d'en être respecté « lui-même ; qu'entre lui et eux il y a identité, et « partant équation de droits et de devoirs. »

On pourrait croire que M. Cousin dérive le devoir du droit, et non le droit du devoir. Il dit, en effet : « Le fondement du devoir est celui du droit. » Oui ; mais il ajoute : « Mon devoir est la mesure exacte de « mon droit »; et c'est là ce que je conteste. Mon droit est plus étendu que mon devoir, si j'ai le droit de faire ce que moralement je ferais mieux de ne pas faire. M. Cousin complète sa pensée et devient encore plus explicite : « Si je n'avais pas le devoir sacré « de respecter ce qui fait ma personne, c'est-à-dire « mon intelligence et ma liberté, je n'aurais pas le « droit de la défendre contre vos atteintes. C'est « parce que ma personne est sainte et sacrée en soi, « que, considérée par rapport à moi, elle m'impose « un devoir, et que, considérée par rapport à vous,

« elle me confère un droit. » (*Cours de* 1817 *et de* 1818, 20ᵉ. leçon.)

M. Cousin dérive le droit du devoir, mais non du devoir envers autrui ; il dérive le droit du devoir de l'homme envers lui-même. Cette dérivation du droit a un inconvénient, un péril : il s'agit du droit social, et justement le devoir de l'homme envers lui-même ne relève que par exception de la société.

Ce que je dis de M. Cousin, je puis le dire de M. Jouffroy. Lui aussi, en interrogeant la fin de l'homme, déduit le droit de l'obligation pour l'individu intelligent et libre d'accomplir, sous sa responsabilité, la partie de sa destinée qu'il peut, à travers les obstacles qui sont sa condition, réaliser en ce monde (*Cours de droit naturel*, 30ᵉ. et 31ᵉ. leçons).

Le devoir de l'homme envers lui-même ou envers Dieu, source du droit, justification de la liberté, j'admets tout cela ; mais je ne puis oublier que l'objet de nos recherches, c'est la limite du droit de l'individu comme être sociable. Ce que je soutiens, c'est que, comme être sociable, son droit ne naît pas de son devoir, de son devoir envers autrui surtout, ni même de son devoir envers lui-même et envers Dieu, parce que le droit politique serait alors subordonné à la loi religieuse, et que les conditions du pouvoir temporel seraient subordonnées à l'ordre spirituel et aux solutions de la théodicée.

Le droit de l'individu comme être sociable ne saurait dépendre de ses devoirs envers lui-même et envers Dieu, parce que la liberté, réduite à l'expression de ce droit, exclurait la possibilité du mal.

La cause de l'erreur de M. Jouffroy, c'est la confusion qu'il a faite entre le droit naturel et la morale. Le droit naturel n'est pas toute la morale, il n'en est qu'une partie (1).

Nos publicistes (je parle des théoriciens politiques) ne vont pas jusqu'à dire que la liberté c'est le devoir; ils disent seulement que la liberté a pour fondement le devoir.

Je crois que cette théorie, même ainsi réduite, aboutit fatalement à donner au droit et à la liberté la même mesure que le devoir, c'est-à-dire à ne reconnaître à l'homme que la prérogative et le pouvoir de faire le bien. La liberté, c'est cela sans doute; mais c'est encore autre chose, c'est la liberté de préférer le mal au bien, sans lésion du droit d'autrui. Si les hommes n'avaient que des devoirs et des droits leur assurant le moyen de les accomplir, ils seraient tous, de par la contrainte, des êtres parfaits, je n'ose dire de petits saints; et comme les devoirs de tous s'harmonisent entr'eux, il n'y aurait ni limites ni contradictions; la société pourrait être purgée de toutes traces de l'infirmité humaine; elle offrirait le spectacle, sinon de la béatitude absolue, au moins d'un mécanisme exempt de tout vice.

Sur ce point, contre l'avis général, je suis de l'avis de M. Proudhon : « Le droit est pour chacun la

______

(1) Voir mon *Cours de Droit pénal*, 2e. éd., p. 19 et aussi p. 631, 632, 633. Je persiste à contester la définition de Montesquieu : « .... La liberté ne peut consister qu'à pouvoir faire ce « que l'on doit vouloir, et à n'être point contraint de faire ce que « l'on ne doit pas vouloir (livre XI, ch. III). »

« faculté d'exiger des autres le respect de la dignité
« humaine dans sa personne ; le devoir, l'obligation
« pour chacun de respecter cette dignité en autrui.
« Au fond, droit et devoir sont termes identiques,
« puisqu'ils sont toujours l'expression du respect exi-
« gible ou dû : exigible, parce qu'il est dû ; dû,
« parce qu'il est exigible. Ils ne diffèrent que par le
« sujet, moi ou toi, en qui la dignité est compro-
« mise. » (*La Justice dans la Révolution et dans*
l'Église , t. Ier. , p. 183.)

Contre la science, je suis de l'avis du poëte :

Le devoir, fils du droit, sous nos toits domestiques,
Habite comme un hôte auguste et sérieux.

Ce qui est vrai, c'est que le droit de l'individu est
inséparable de son devoir, parce que le devoir c'est
le respect du droit d'autrui (1).

(1) On a fait remarquer avec raison que les premières déclarations
des droits, la déclaration des 27 juillet—31 août 1789, la déclaration du 3 septembre 1791 et la déclaration des 15-16 février et
24 juin 1793, n'avaient parlé que des droits de l'homme et du
citoyen. Elles ne parlaient pas des devoirs ; elles les sous-entendaient.
La déclaration de l'an III (22 août 1795) place, à la vérité, les
droits en première ligne ; mais elle mentionne comme complément
les devoirs.

Caen, typ. de A. Hardel.

9 782329 619378